Ambre Megnin-Aubry

W.I.T.C.H.

Will Irma Taranee Cornelia Hay Lin

100 idées magiques pour bien s'entendre avec ses frères et soeurs

HACHETTE Jeunesse

Série créée par Elisabeth Gnome

Publié pour la première fois par Buena Vista sous le titre
Cento magie per convivere con fratelli & co.

Adaptation française : Maria Grazzini

ISBN : 2.01.225169.2
Dépôt légal n° 72976 – Août 2006 – Édition 01
Loi n°49-956 du 16 juillet 1949
sur les publications destinées à la jeunesse.
Imprimé en France par *Partenaires Book*®.

Sommaire

chapitre UN

Frères & Sœurs : amour et haine

Journal de Cornelia

Mardi 22 avril

Ça y est, ça recommence : Lilian a encore fait des siennes ! Aujourd'hui, nous avons reçu la visite de Mme Allison, une amie de maman qui a toujours à redire sur tout : mes cheveux sont trop longs, Lilian est mal élevée, etc. Bref, une vraie plaie *! D'ailleurs, je l'ai surnommée « Acidallison » - ce qui fait toujours rire Lilian. Sauf que, aujourd'hui, le cher petit ange était fâché parce que je lui avais interdit l'accès de ma chambre... Alors, quand Mme Allison est arrivée, elle l'a accueillie en lui disant : « Vous savez comment vous appelle Corny ? "Acidallison", parce qu'elle dit que vous êtes pire qu'un citron moisi ! »*

Heureusement, elle n'a pas bien compris et maman a vite fait diversion... N'empêche que, le soir, j'ai eu droit à la réprimande du siècle, assortie d'une semaine de travaux forcés *de vaisselle. Bien sûr, selon maman, Lilian est l'innocence même... Mais elle va me le payer cher, promis-juré !!!*

Mercredi 23 avril

Journée noire ! L'interro de maths s'est super mal passée et en plus j'ai une méga-vaisselle à faire... la punition pour l'affaire d'hier. Argh !!!

Plus tard

Finalement, j'ai renoncé à me venger. Lilian n'a fait que chantonner des comptines pour m'aider à faire passer ma « grosse colère », comme elle dit... Au début, j'avais envie de l'étrangler, mais après ça m'a attendrie et la mauvaise humeur est passée. Lilian en a aussitôt profité pour me proposer de transférer sa collection de peluches dans ma chambre – ce qui fait que nous sommes à nouveau sur le pied de guerre ! Bref, quand elle veut, elle est adorable, mais au fond elle reste une petite peste !

Journal de Taranee

Jeudi 29 mai

Frères = catastrophes ambulantes *! Cette fois, Peter va me le payer cher ! À force de faire joujou avec mon ordinateur, aujourd'hui il a effacé ma recherche d'histoire...*

Il m'avait fallu un après-midi entier pour la rédiger ! En plus, ce soir il y a une réunion familiale à la maison (âge moyen : 80 ans !) et je n'aurai donc pas le temps de la refaire. Ce dîner archi-ennuyeux est vraiment le pompon !

<u>Plus tard</u>

Quelle soirée, cher journal ! La situation était tellement tragique que Peter a été pris d'un fou rire irrépressible... Au début, je lui en voulais à cause de la recherche effacée, mais au bout d'un moment j'ai compris que c'était le seul moyen de survivre à la soirée : il n'a fait que me chuchoter des bêtises à l'oreille sur nos « oncles fossiles »...

Le cœur de KANDRAKAR te dit que...

La vie de famille n'est pas toujours facile, surtout quand on est nombreux. Il faut de la patience, un zeste d'abnégation (parfois), savoir réagir rapidement (toujours) et aussi être capable de dédramatiser avec un beau sourire, si nécessaire !

Et si tu te décourages, quand tu estimes avoir dépensé jusqu'à la dernière once de patience, avant de déclarer la guerre à tout le monde, pense combien ta vie serait ennuyeuse sans tes frères et sœurs... Alors, inspire profondément et fonce à nouveau dans la mêlée !

Dès que nos regards se croisaient, on pouffait de rire !

S'IL N'AVAIT PAS ÉTÉ LÀ POUR ME FAIRE RIGOLER, JE CROIS QUE JE SERAIS MORTE D'ENNUI !

Quand la « branche préhistorique » de la famille est partie, j'ai parlé à Peter de l'affaire de la recherche effacée. Nous nous sommes mis tous les deux sur l'ordinateur et nous avons fini par retrouver une des versions de mon travail. Malheureusement, ce n'est pas la dernière, mais avec quelques corrections je pourrai quand même la rendre au prof demain. Bref, même s'ils créent des tas de problèmes, les frères restent tout de même de super compagnons d'aventures !

Journal de Will

Mardi 22 avril

Cher journal, j'ai une super nouvelle à t'annoncer ! Une amie de maman qui vit en Afrique du Sud a une fille de mon âge qui passera quelques mois chez nous. Elle s'appelle Maya, nous partagerons ma chambre et ferons plein de choses ensemble. Pendant quelque temps je ne serai plus « fille unique » ! Les Witch m'ont immédiatement prévenue : « Précise aussitôt que c'est toi *qui commandes ! » Ensuite, elles m'ont briefée sur les différentes manières de me défendre d'une ennemie « intra-muros »... Là, j'ai dit* stop *: il ne faut pas me décourager d'entrée de jeu ! Irma a fini par admettre qu'il existe bien des bons moments avec les frères et sœurs, mais que cela relève du miracle... Peu importe, vivement que Maya arrive !*

Conseils de Witch

Insupportables, certes, mais précieux, pour…

- Regarder ensemble une émission télé hyper rasoir, pour avoir une bonne excuse de ne pas aider maman à la cuisine !
- Préparer ensemble un plat de pâtes géant assaisonné avec des quantités doubles de tous les ingrédients, quand les parents vous laissent quartier libre à la maison !
- Survivre à un long voyage en voiture, quand vous partez en vacances avec papa et maman.
- Affronter la colère des parents : on peut s'entraider !

chapitre **deux**

Les frères et sœurs de nos rêves...

Journal de groupe des Witch

Oh, là, là, les filles ! Après notre conversation d'hier sur les frères et sœurs, cette nuit j'ai fait un drôle de rêve ! Je donnais un concert – oui, moi ! – et je chantais à tue-tête sur la scène ! Devant moi, la foule en délire, derrière, mon groupe dont MA SŒUR À LA BATTERIE !!! J'avais vraiment l'impression que c'était vrai ! Alors, quand je me suis réveillée, j'ai essayé d'imaginer ma sœur idéale...

ELLE NE DOIT ABSOLUMENT PAS :

- être hautaine (cela me rendrait hystérique !) ;
- être une fanatique des régimes (ni pour elle, ni pour les autres) ;
- être trop possessive avec ses affaires (cela me stresserait inutilement !).

ELLE DOIT ABSOLUMENT :

- avoir beaucoup d'humour (un seul clin d'œil doit suffire à nous comprendre) ;
- partager ma passion pour la musique (et jouer super bien de la batterie - voir rêve ci-dessus) ;
- m'encourager dans mes excès de folie (si elle devait freiner mon enthousiasme, nous ne pourrions pas nous entendre).

En gros, elle devrait être à peu près comme moi !

Irma

Qu'en dis-tu, Irma ? Ai-je bien illustré ton rêve ? Je vous propose un jeu, les filles : vous imaginez les frères et sœurs de vos rêves, et moi je les dessine ! En ce qui me concerne, ayant déjà quatre « sœurs amies » – vous ! – je préférerais un frère. Plus ou moins, comme ça...

O.K. :

- il doit être mon ami ;
- il doit comprendre tout de suite quand il ne faut pas se mêler de mes affaires ;
- s'il venait d'une autre planète (idéalement la deuxième galaxie après l'étoile Véga), ce serait le top du top !

PAS O.K. :

- un type qui boude en traînant les pieds à la maison ;
- quelqu'un qui ne pense qu'à lui et se fiche des autres ;
- quelqu'un qui croit que les garçons sont mieux que les filles !

Hay Lin

Irma

Félicitations, Hay Lin ! Un type comme ça ne risque pas de passer inaperçu ! Quant à moi, puisque j'ai déjà un frère (et j'aimerais éviter de multiplier les ennuis !), je préférerais une sœur... Comme vous pourrez le constater, je ne suis pas très exigeante...

QUALITÉ : La curiosité !
Ensemble, nous n'aurons pas de limites !

PASSION : Les livres. Elle saurait toujours me conseiller en fonction de mon humeur du moment !

À FAIRE ENSEMBLE : Un voyage d'aventures.
Elle tient le journal de bord et moi je prends les photos.
Publié, ce serait un best-seller à coup sûr !

Taranee

PRÊTES POUR L'AVENTURE ?

Dis, Tara : je peux venir avec vous ? J'aime bien ce jeu, il est super ! Et puisqu'il s'agit d'imaginer cette fameuse sœur, voici comment je la verrais :

DÉFAUT : elle doit faire plus de bêtises que moi (maman concentrerait ses colères sur elle !).

QUALITÉ : m'épauler quand j'ai besoin d'une alliée.

SIGNE PARTICULIER : être fan des programmes télé les plus débiles pour rigoler ensemble en s'empiffrant de chips, quand maman n'est pas là !

Will

Drôle de Witch

Réponses amusantes à toutes les questions

Cette nuit, j'ai rêvé que j'avais un petit frère et une grande sœur...

Ce n'est pas un rêve, c'est un cauchemar !

Si mon frère se mettait à ma place, il comprendrait ce que je ressens quand il se moque de moi.

Il est peu probable qu'il accepte de s'habiller en fille...

Hier, mon frère et moi avons discuté pendant des heures sans nous disputer !

Es-tu certaine qu'il s'agissait bien de ton frère ?

Ma sœur est toujours prête à m'aider à faire mes devoirs !

Hé, oh ! Réveille-toi, tu rêves !

En ce qui me concerne, pas de frères et encore moins d'extraterrestres !
L'idéal pour moi serait d'avoir une grande sœur, une fille super,
à peu près comme ça :

PROFESSION : journaliste de mode, toujours au courant
des dernières tendances.

QUALITÉ : elle doit avoir beaucoup de classe et de charme,
et savoir me faire rire quand j'ai le moral à zéro.

MISSION SPÉCIALE : être toujours prête à m'emmener
dans ses sorties et à me présenter à ses amis !

Cornelia

Corny, es-tu bien sûre que ce serait vraiment la sœur idéale pour toi ?

Hay Lin

Hum... Vu comme ça,
je n'en suis plus si certaine !

Cornelia

chapitre **trois**

Sœurs & Amies : mythe ou réalité ?

VIE DE W.I.T.C.H.

__Samedi soir – chambre de Taranee. Deux vieilles amies se retrouvent.__

T : J'ai du mal à croire que tu es vraiment là !

Sheila : Moi aussi, Taranee. Nos après-midi de discussions non-stop me manquent tellement... Quand nous avons emménagé à Green Lake, tu es la personne qui m'a le plus manqué.

T : Tu te souviens ? Au début, on passait des heures au téléphone... Jusqu'au jour où les parents ont reçu une note...

astronomique !

S : Et ils ont dit « *niet* » ! Heureusement que maintenant j'ai connu pas mal d'amis à Green Lake !

T : Je suis sûre que tu n'as pas eu de mal à t'en faire !

Et ta petite sœur ? Rumy devait venir me dire bonjour, aussi, non ?!

S : Tu la connais ! Toujours en retard !

T : Ça va, entre vous ? C'est toujours la guerre ?

S : Non, ça va plutôt mieux !

T : Pas possible ! Vous n'êtes donc plus les terribles sœurs Robins, toujours prêtes à se taper dessus à la moindre occasion ?

S : Disons que nous nous disputons juste ce qu'il faut entre sœurs !

T : Alors qu'à l'époque, vos disputes étaient toujours cataclysmiques !

Rumy arrive à ce moment-là.
Taranee l'embrasse pour lui dire bonjour.

T : On parlait de toi, justement !

S : Tara me demandait si nos célèbres disputes étaient toujours d'actualité !

Rumy (avec un sourire) : Ne t'inquiète pas, nous sommes toujours les mêmes ! Ça impressionne les gens, mais nous, nous avons l'habitude... On se défoule un bon coup et puis on oublie !

T : C'est bizarre, quand même...

J'ai toujours pensé qu'entre sœurs – surtout proches en âge, comme vous – il devait y avoir une complicité et une confiance hors pair. .

R : Parfois, nous arrivons même à être. . copines ! Par exemple, quand nous passons des heures à essayer les maquillages les plus fous...

c'est géant !

T : Quelle chance ! Évidemment, je ne peux pas partager ce genre de choses avec Peter !

R : Oui, mais il y a aussi des côtés moins drôles ! Par exemple, je ne suis pas du tout d'accord sur le fait que Sheila ait beaucoup plus de liberté que moi, ni que je sois systématiquement obligée de recycler ses vêtements ! Sans parler de la télé où elle est...

maître absolu de la télécommande !

S : Et que dis-tu des jours où tu oublies les horaires et où je suis obligée de faire des pieds et des mains pour te couvrir ?

R : Ça ne se verrait pas si tu n'étais pas toujours à l'heure !

S : Et quand tu fais passer tous tes caprices...

seulement parce que tu joues à la petite de la famille ?

R : Jalouse, hein ?

T (Oh, non, j'ai l'impression d'avoir appuyé sur le détonateur... Vite, il faut intervenir !) :
Je vois, je vois... C'est normal qu'il y ait des tensions entre sœurs, ce qui compte est de savoir relativiser, pas vrai ?

R : Si seulement elle arrêtait de se donner ces airs d'adulte...

S : Et si, toi, tu utilisais un peu plus ta cervelle et faisais moins de bêtises...

T : C'est vrai, Rumy ! Le jour où tu as inondé la maison en voulant donner un bain à tes poupées, Sheila a mis trois heures pour tout nettoyer avant le retour de vos parents !

S : Merci, Tara. Toi, au moins, tu me comprends.

R : Ce n'est pas pareil, j'ai grandi, depuis !

S : Penses-tu ! Écoute ça, Tara : il y a quelques jours, je la perds de vue dans un centre commercial et sais-tu où je l'ai retrouvée ? En larmes sur un banc public !

T : Que s'était-il passé ?

S : Mademoiselle avait perdu son sac et elle était...

complètement paniquée !

R : C'est vrai, je ne savais plus quoi faire !

T : Et ensuite ?

S : Nous avons fait le tour des magasins où nous étions rentrées et nous avons fini par le retrouver. Heureusement, une vendeuse l'avait mis de côté.

T : Tu as eu de la chance, Rumy. Avoue que ta sœur a été très forte pour te tirer d'affaire !

S : Tu vois ce que je veux dire, Taranee ?

Ce n'est pas toujours facile d'être l'aînée. À la fin, je suis toujours en train de me faire du souci pour elle !

Et même s'il n'y a que deux ans de différence entre nous deux, elle est tellement sûre que je suis là pour la protéger, qu'elle agit souvent sans réfléchir !

R : Ce n'est pas vrai que je ne réfléchis pas ! C'est toi qui t'inquiètes toujours de tout et te fais un sang d'encre !

Conseils de Witch

Avoir une sœur : les pour ...

- On s'échange les vêtements : c'est un peu comme avoir deux garde-robes !
- Elle est de bon conseil quand vous faites les magasins ensemble !
- Si tu sors avec elle, papa et maman sont rassurés et acceptent des horaires plus flexibles.

... et les contre

- Si vous craquez pour le même garçon, tu as une rivale à la maison !
- Il faut toujours tout partager. À la longue, cela peut être fatigant.
- Quand elle est de mauvaise humeur, tu dois faire attention à tout ce que tu dis et fais !

T : Quoi qu'il en soit, en cas de besoin vous pouvez vous entraider !

R : Ça, toujours !

S : Oui, mais on se dispute bien plus qu'on ne s'entraide. .

R : À propos de disputes, vous souvenez-vous de celle au cinéma ?

Mémorable !

T : Ah, oui, l'inoubliable bataille de pop-corn ! Vous étiez déchaînées... et le reste de la salle qui vous prenait pour deux folles ! Il faut dire, Sheila, que tu avais choisi un film carrément rasoir... Rumy n'avait pas tous les torts de vouloir se venger à coups de pop-corn !

S : C'était un film magnifique, au contraire !

R : Ridicule et mielleux, tu veux dire ! On aurait dû sortir en signe de protestation !

T : Et, en effet, ils nous ont mises à la porte... Oh, la honte !

R : Mais ça va mieux, maintenant. Tu peux nous faire confiance, Tara ! Tu peux venir sans crainte au cinéma avec nous !

T : D'accord, mais... c'est moi qui choisis le film !

chapitre **quatre**

Lui & Toi : unis malgré vos différences !

VIE DE W.I.T.C.H.

Lundi matin – les Cook sont réunis autour du petit déjeuner.

T (en bâillant) **:** Yawn ! Je n'arrive pas à me réveiller, ce matin !

Mme Cook : Un vrai petit loir ! Un bon petit déjeuner va te remettre d'aplomb. .

T : Je l'espère… Peter, veux-tu me passer les céréales, s'il te plaît ?

P (la bouche pleine) **:** Il n'y en a plus…

T : Ben, dis donc ! Tu es pire qu'une horde de criquets : « Après moi, le désert » !

P : Normal ! Les hommes ont besoin de manger davantage car ils brûlent beaucoup plus de calories. Pas vrai, p'pa ?

M. Cook : Oui, mais tu n'es pas le seul à manger des céréales à la maison. .

T : Voilà ! Tu ne penses qu'à te remplir le ventre sans te soucier des autres. Ce qui est sûr, c'est que les calories que tu brûles, ce n'est pas pour faire fonctionner ta cervelle !

P : Toi, en revanche, un rien te froisse. Surtout le matin...

une casse-pieds de première !

M. Cook (avec un sourire) **:** Ça suffit, les enfants ! C'est ridicule de vous disputer dès le matin. Maman et moi allons partir... Dépêchez-vous de terminer ou vous serez en retard à l'école !

T, P : O.K., salut !

Au bout de quelques minutes de silence,
Peter prend son courage à deux mains et...

P : Toujours fâchée ?

T : Affamée, je dirais ! Qu'est-ce que j'aimerais mieux avoir une sœur... !

P : Allons ! Les Robins tout un week-end n'ont pas suffi à te guérir de ce genre d'illusions ?

T : Robins à part, deux sœurs ont forcément plus d'atomes crochus qu'un frère et une sœur !

P : Tu penses vraiment que nous sommes si différents ?

T : C'est clair ! Regarde l'attitude des parents, par exemple. Tu as beaucoup plus de liberté que moi, rien que parce que tu es un garçon...

P (avec un clin d'œil) **:** C'est bien connu que vous êtes plus vulnérables !

Taranee lui lance un regard noir.

P : Allez, petite sœur, je rigolais !

Le cœur de KANDRAKAR te dit que...

As-tu jamais pensé aux avantages d'avoir un grand frère, surtout s'il a à peu près ton âge ? Le point de vue d'un garçon est forcément différent du tien. Un frère peut être une source de conseils précieux et étonnants !

De plus, un frère est très rassurant. Les garçons adorent se montrer forts et courageux, ils sont toujours contents de secourir « une petite sœur » en difficulté. N'abuse pas de son aide, tout de même. Il est important que tu apprennes à te prendre en charge seule !

Drôle de Witch

Réponses amusantes à toutes les questions

J'aimerais tant que mon frère et moi soyons plus unis...
Essaie avec un peu de super glu.

Quand mon frère crie comme un putois, moi je hurle comme une sirène !
Bravo ! Vous avez de l'avenir dans les antivols !

Est-ce si important que mon frère et moi nous entendions bien ?
En cas de grosse colère des parents, sûrement !

J'ai beau faire des efforts, je ne comprends pas mon frère...
Lis bien le mode d'emploi. Normalement, il accompagne le paquet...

Mais au fond il a toujours été plus difficile pour les filles d'obtenir certaines libertés...

T : Justement : le nôtre est un éternel combat pour l'indépendance ! Toi, tu sors avec un simple « Salut, la compagnie ! », moi, c'est l'interrogatoire en bonne et due forme : « Où vas-tu ? Avec qui ? Pour quoi faire ? À quelle heure rentres-tu ? »... C'est injuste ! Tu te faufiles systématiquement quand c'est ton tour de vaisselle ou d'aspirateur et personne ne te reprend... Je continue la liste ?

P : Tu vois comment tu es ? Tout prétexte est bon pour t'énerver ! J'ai peut-être sauté mon tour de vaisselle parfois, mais il y avait toujours une excellente raison !

T : C'est cela, oui ! Une compétition de surf ou un match de basket, par exemple... Tu n'es pas le seul à avoir droit à tes loisirs, tu sais ? Et puis maman, avec toi, n'est pas aussi intransigeante qu'elle l'est avec moi en matière de propreté et de rangement...

P : C'est faux ! J'ai même fait la salle de bains, l'autre jour !

T : Bien sûr ! Parce que tu avais oublié les courses qu'elle t'avait demandé de faire. Et comme tu es malin, tu as compris qu'il valait mieux se montrer gentil pour éviter qu'elle te passe un savon !

Mais en temps normal les produits d'entretien et toi vivez sur deux planètes TRÈS éloignées...

P : Même si je le voulais, je n'aurais pas accès à la salle de bains plus souvent, puisque tu y es à longueur de journée. Rien que pour me laver les dents, je dois faire une demande par écrit !

T : Pff... Et après une de tes douches, il faut une heure pour tout ranger !

P (un peu vexé) : D'accord, d'accord... C'est vrai, je n'ai jamais été vraiment puni pour ma paresse, mais cela ne signifie pas qu'avec une sœur tu aurais moins de problèmes !

<u>Taranee comprend que Peter est un peu blessé et s'efforce de rattraper le coup.</u>

T : Tu as raison. D'ailleurs, ces problèmes, ce n'est pas la mer à boire... Il faudrait juste que tu fasses un petit effort de temps en temps !

P (avec un grand sourire) : Il faut déjà que je maintienne un niveau scolaire potable, avec la sœur « petit génie » que j'ai !

T : Je ne pensais pas que mes résultats scolaires te posaient un problème !

P : Tu veux rire ? Malgré mes efforts, mes meilleures notes restent de « mauvaises » notes par rapport aux tiennes !

T : Je... je ne m'en étais pas rendu compte. J'avais plutôt l'impression que c'était moi qui étais toujours sous pression pour essayer d'égaler les exploits de mon grand frère !

P : Quels « exploits » ?

T : La coupe de surf que tu as gagnée l'été dernier, par exemple !

P : Ah, oui ! C'est vrai, c'était grand...

T : Bon, ça va ! Il suffit de te faire un compliment et...

tu oublies tout le reste !

Donc, c'est entendu. Dès la semaine prochaine, je m'inscris à un cours de sumo ! Au moins, on en finira avec ces histoires de fille frêle et sans défense !

P : Très juste. Qui oserait s'attaquer à une fille aussi grosse qu'une armoire à glace ? Mais dans ce cas, oublie les conquêtes sentimentales, petite sœur !

T : Pff... Tous pareils, les garçons ! Toujours à regarder les détails...

chapitre **cinq**

S.O.S. petits frères

VIE DE W.I.T.C.H.

Mercredi après-midi – Irma sonne chez Cornelia.

C : Salut ! Je rêve ou tu es nettement en avance ?

I : Non, je suis en retard... Pas suffisamment, apparemment, puisque tu n'es pas encore prête !

C : Je prends juste mon manteau !

Lilian arrive toute guillerette, un grand chapeau sur la tête, un pull qui lui arrive aux genoux et des chaussures dix pointures trop grandes.

Lilian : Vous m'emmenez ?

C : Lilian ! Combien de fois dois-je te dire de ne pas prendre mes affaires ?

L : Mais comme ça je suis grande, aussi !

C : Enlève-moi ça TOUT DE SUITE !

Je compte jusqu'à un !

I : Calme-toi, Corny...

C : Ne t'en mêle pas, Irma. Si cette petite peste ne retire pas ça et ne range pas immédiatement mes affaires, je la réduis en miettes !

Mme Hale arrive au secours de la petite.

Mme Hale : Cornelia, calme-toi. Je m'occupe de Lilian !

C : Mais maman...

Mme Hale : Irma, sors-la, s'il te plaît. Une bouffée d'air frais lui fera le plus grand bien !

I : Je m'en occupe ! Au revoir !

C : Mais si, quand je rentre...

I : Oui, on a compris ! Viens, on y va !

Cornelia et Irma sont dans la rue.
Cornelia marche presque au pas de course...

I : Cool, Corny ! J'ai du mal à te suivre !

C : Ça te ferait du bien un peu de sport !

I : Hé, je n'ai rien à voir là-dedans ! Ce n'est pas moi qui ai pris tes affaires !

C : Tu as raison, excuse-moi. Le fait que Lilian mette le nez dans mes affaires me met hors de moi ! J'ai tout essayé pour l'en empêcher, rien n'y fait…

I : Tu as essayé avec un tigre devant ton armoire ?

C (avec un sourire) : Bonne idée… il faut juste que je me débrouille pour l'apprivoiser !

I : Ça y est, tu es calmée ? On peut en parler sérieusement ?

C : Parler sérieusement… avec TOI ?

Non, mais… tu rêves !

WITCH JOURNAL

CINQ TUYAUX POUR NEUTRALISER UN PETIT MONSTRE

I Je le chatouille jusqu'à ce qu'il se rende !

W Je lui propose une bataille de polochons !

I : Je t'assure que, parfois, même moi j'arrive à dire des choses sensées !

C : Je t'écoute, alors !

I : Tu sais que moi aussi j'ai un petit monstre fouineur à la maison... Eh bien, j'ai fini par me résigner, sans pour autant le laisser libre de faire ses razzias.

J'ai donc délimité des « territoires » infranchissables et répertorié des objets « intouchables ». J'ai aussi fixé des règles et des punitions rédhibitoires pour ceux qui ne les respectent pas.

T Je lui fait peur avec une histoire de monstres et de vampires !

H Crayons de couleur et feuilles à dessin : je lui lance un défi !

C Je prépare un goûter hyper-gourmand rien que pour nous deux !

C : Mais chez moi, TOUT est sacré et intouchable !

I : Je sais, mais tu DOIS faire des concessions, si tu ne veux pas devenir totalement hystérique ! Tu perds ton temps et ton énergie !

C : Tu ne la connais pas, elle fait tout pour m'énerver !

I : Bien sûr, parce qu'elle connaît tes points faibles et qu'elle en joue ! Quand elle s'ennuie ou quand tu lui fais ressentir qu'elle est « en trop »...

C : C'est-à-dire ?

I : Quand tu n'arrêtes pas de lui dire qu'elle est petite et qu'elle te casse les pieds, par exemple !

C : Mais c'est la vérité !

I : D'accord, mais quel serait ton sentiment si, dès que tu ouvres la bouche, quelqu'un te disait : « Tais-toi, petit crapaud ! » ?

C : En effet... J'ai peut-être exagéré parfois. Elle n'est pas TOUJOURS si casse-pieds que cela.

I : Sans compter qu'au lieu de lui crier dessus à chaque fois qu'elle te sollicite, tu pourrais l'écouter plus souvent...

Comment faire si...

Ta petite sœur « adore » ton T-shirt préféré ?

- Explique-lui calmement que celui-là est « interdit », puis offre-lui un tee-shirt exclusivement pour elle.
- Évite les scènes et les cris : si elle comprend que cela te fait enrager, elle insistera d'autant plus.

Ton petit frère te « colle » comme un timbre-poste ?

- Consacre-lui un peu de ton temps. Le reste sera pour toi et toi seule !
- Établis la liste des endroits où il peut te suivre (parc, fast-food, etc.) et celle des endroits « interdits » (présente-les-lui de manière à ce qu'il les trouve ennuyeux... il fera moins d'histoires !).

Ta petite sœur t'imite en tout ?

- Attire son attention sur ses qualités particulières, que tu n'as pas : cela l'aidera à être fière d'elle-même.
- Consacre un peu de ton temps à t'occuper de son aspect physique. Aide-la à trouver un style personnel qui la mette en valeur et la rende unique (et donc différente de toi !).

C : D'accord, d'accord, j'ai compris !

I : Et donc ? Qu'as-tu l'intention de faire ?

C (en soupirant d'ennui) : Un jour, je choisirai quelques-uns de mes vieux vêtements, je les lui donnerai et je lui consacrerai un peu de mon précieux temps !

I : Excellente idée !

Irma se met à glousser. Cornelia la regarde, perplexe.

C : Qu'est-ce qu'il y a maintenant ?

Une crise de folie soudaine ?

I : Pas encore, mais... Lilian était tellement drôle avec l'accoutrement de tout à l'heure !

C (en riant aussi) : C'est vrai... Et fière d'elle, en plus !

I (en imitant la petite voix de Lilian) : « Comme ça, je suis grande aussi ! »

C : Parfois j'hésite entre l'étrangler et la couvrir de bisous...

I : Vaste question !

chapitre six

Différences d'âge : mode d'emploi

VIE DE W.I.T.C.H.

Jeudi après-midi – Taranee, Hay Lin et Cornelia se retrouvent dans une librairie en centre-ville.

C : J'espère vraiment trouver ce livre... Si je rends ma recherche en l'état, la mauvaise note est assurée !

T : Ne t'inquiète pas, Corny ! Même si j'en ai oublié le titre et l'auteur, je suis sûre de le reconnaître dès que je le vois. Fais confiance à mon exceptionnelle mémoire photographique...

Hay Lin et Cornelia s'échangent un regard dubitatif, mais avant de répondre à Taranee, celle-ci attire leur attention au fond du magasin.

T : N'est-ce pas la nouvelle de 3e D, là-bas au bout ?

H : Valérie Gilmore, bien sûr !

C : Exact. Irma me l'a présentée la semaine dernière !

T : Elle est sympa ?

H : Très ! Et apparemment elle a aussi d'excellentes fréquentations !

C : Je ne te le fais pas dire ! Le type avec elle est…

à tomber à la renverse !

H : C'est son petit ami ?

C : Il semble un peu vieux pour cela… Qu'en penses-tu, Taranee ?

T : Que, pour en savoir plus, il faut aller lui dire bonjour !

C, H : Bonne idée !

Les trois copines se dirigent vers Valérie et le garçon.

T : Salut, Valérie !

Valérie : Salut, ça va ?

H : Très bien, merci. En quête de livres, toi aussi ?

V (en riant) **:** À vrai dire, c'est plutôt pour mon frère. Les filles, je vous présente Lee.

Lee : Salut, tout le monde ! Laissez-moi deviner : vous fréquentez la même école que Valérie, n'est-ce pas ?

T, H, C : Exact !

L : Je vous laisse bavarder entre vous, alors !
On se retrouve au rayon « livres d'art », d'accord ?

V : D'accord à tout à l'heure.

Les filles le regardent s'éloigner.

C : Félicitations, Valérie. Ton frère est vraiment très beau garçon !

V : Je sais... et malheureusement, lui aussi le sais !

C : Il a combien d'années de plus que toi ?

V : Dix... Parfois, ça paraît énorme !

H : Et ça fait quoi, d'avoir un si grand frère ?

V : Parfois, c'est bizarre. Nous avons eu des hauts et des bas...

Le cœur de KANDRAKAR te dit que...

Tu as un(e) frère (sœur) beaucoup plus âgé(e) que toi et tu aimerais qu'il (elle) te considère davantage ? Prouve-lui que tu as grandi : pas de caprices ni d'enfantillages. Aborde avec lui (elle) des questions qui te tiennent à cœur et demande-lui conseil.

N'oublie pas que ton grand frère ou ta grande sœur ont vécu avant toi ce que tu vis actuellement avec les parents. Mets donc à profit leur expérience : personne mieux qu'eux ne connaît la bonne façon de s'y prendre !

Drôle de Witch

Réponses amusantes à toutes les questions

Vaut-il mieux un frère beaucoup plus âgé ou une sœur beaucoup plus petite ?
Mieux vaut être fils unique.

Quel est l'intérêt d'avoir un grand frère ?
Qu'il s'en ira bientôt en te laissant sa chambre !

Que faire pour éviter que ma sœur me traite comme un bébé ?
Appelle-la « maman » devant son nouveau petit ami !

J'aimerais tant dire à mon grand frère tout ce que je pense de lui !
Fais-le seulement dans une langue qu'il ne comprend pas !

Normal, quoi ! Mais maintenant ça va mieux, nous sommes même très unis !

T : Génial !

V : Oui, mais il nous a fallu du temps. Quand j'étais petite, il me prenait pour une sorte de poupée à taquiner, avec qui jouer de temps en temps. Ensuite, il y a eu la période « papa adjoint »...

L'horreur totale !

H : Il était casse-pieds ?

V : Pire que ça ! Il ne me lâchait pas une seconde. Les leçons de mon père n'étaient rien par rapport aux siennes !

T : Dis donc... Et tu es arrivée à ne pas l'étrangler ?

V : J'ai eu du mal. . Et ce n'est pas fini ! Ensuite, il y a eu l'époque « courant d'air ». Il était tellement pris par ses études, ses potes, les filles, les loisirs, etc. que je ne le voyais plus. Quand on se croisait à la maison, j'avais à peine le temps de lui dire bonjour qu'il était déjà reparti !

C : Au moins tu avais la paix !

V : C'est vrai, j'ai le souvenir d'une période tranquille, mais en même temps je me sentais un peu seule : la maison semblait vide sans lui.

T : Et maintenant ?

V : Maintenant, ça va super bien ! Lee a compris que je ne suis plus une petite fille et nous parlons de beaucoup de choses ensemble. Parfois, il est carrément géant avec moi : c'est mon allié quand les parents ne me font pas confiance, il me donne des tuyaux avec les garçons et m'aide avec l'ordinateur quand j'ai un problème !

C : Quelle chance ! Moi, je fais des bogues tout le temps ! Je rêverais d'avoir quelqu'un pour m'aider, en dehors des parents...

H : Moi aussi, je voudrais un grand frère comme le tien...

V : Ne vous faites pas d'illusions, les filles ! Il m'aide s'il n'a rien d'autre à faire. Si sa petite copine l'appelle au beau milieu d'une séance d'ordinateur, il n'hésite pas une seconde à me laisser en plan !

C : Absolument parfait !

V : Dans quel sens ?

C : Beau et insaisissable : l'espèce que je préfère !

T, I, H : Corneliaaaaa !

chapitre **sept**

Fille unique, les bons et les mauvais côtés

Journal d'Hay Lin

<u>Vendredi 17 octobre</u>

Cher journal, j'ai une nouvelle à t'annoncer : je pars demain ! Papa et maman ont revu les Holk, de vieux amis qui ont quatre enfants et se sont installés à la campagne, dans les alentours d'Heatherfield. Il nous ont invité à passer le week-end chez eux et mes parents ont accepté : pour une fois, ils s'accordent un petit break ! Je suis très contente d'y aller. Je suis aussi curieuse de voir comment on vit dans une famille nombreuse...

<u>Samedi 18 octobre</u>

11 heures

Nous venons d'arriver. Tout le monde a l'air très sympa...

M. et Mme Holk sont adorables, ils m'ont accueillie comme quelqu'un de la famille. Helen, la plus petite de leurs enfants, n'a que 6 ans, Marc, l'avant-dernier, en a 9, Rilk, 13 ans et Christin, l'aînée, a 16 ans. Oh, oh... voilà du monde ! Je te quitte, à tout à l'heure !

12 heures

Help, double help ! Moi, qui pensais avoir une chambre à moi, je vais devoir la partager avec Christin : j'en suis hyper gênée ! La maison n'est pas très grande, en effet : à part la chambre des parents, il y en a seulement deux autres. Christin dort toute seule. Helen et ses frères occupent ensemble l'autre pièce : c'est vrai qu'elle est grande, mais quel boxon *!*
Un joyeux mélange de jouets, livres, poupées et autres affiches de footballeurs ! Quand je pense à ma chambre où il n'y a que mes affaires... Mais... qu'est-ce que ces cris ?
Je vais voir en vitesse...

Plus tard

Marc et Rilk se sont disputés ! Rilk regardait un film à la télé quand son frère est arrivé pour réclamer son « tour de télécommande *». Rilk l'a superbement ignoré et cela a mis Marc hors de lui... ils ont carrément failli en venir aux mains ! Heureusement, les parents sont intervenus. Pour clore le débat, ils ont éteint la télé et séquestré la télécommande, malgré les cris des deux frères. J'avoue que la scène m'a beaucoup impressionnée...*
Je n'ai pas l'habitude de cela, même si les Witch me parlent

souvent de prises de bec sanglantes avec leurs frères et sœurs respectifs. Y assister en direct, ce n'est pas pareil... Sans compter qu'une dispute entre amies ne va jamais aussi loin !

15 heures

Après le déjeuner, papa et maman sont sortis avec les Holk. Nous, les enfants, nous sommes restés à la maison. Ils en ont profité pour me poser plein de questions : qu'est-ce que ça fait d'être fille unique, si je souffre de la solitude, combien de cadeaux j'ai à Noël, etc. J'ai répondu que je ne me sens presque jamais seule, ça va...

Le cœur de KANDRAKAR te dit que...

Si tu es fille unique, tu sais que tu dois toujours te battre seule… Certes, tu as le soutien de tes parents, mais non la complicité d'un frère ou une sœur, plus proches de toi par mentalité. L'aspect positif est que cela t'oblige à sortir toute ton énergie et à faire preuve de beaucoup de personnalité !

Par ailleurs, tu dois apprendre à partager tes affaires et ton espace avec les autres, et surtout à t'adapter aux exigences de ton entourage. C'est probablement ce qui te pose le plus de problèmes, car en tant que fille unique tu as l'habitude d'être la reine de la maison !

En revanche, ce qui me pèse le plus, c'est d'avoir l'attention des parents toujours focalisée sur moi. Marc a rétorqué que j'ai beaucoup de chance, car Chris et Rilk énervent constamment les parents qui du coup sont beaucoup moins patients avec lui aussi !

Au dîner, j'ai failli m'étrangler de rire ! On aurait dit qu'ils n'avaient pas mangé depuis une semaine : ils n'ont fait que compter combien de chips ou de tranches de gâteau avaient les uns par rapport aux autres ! C'est vrai qu'avec eux, mieux vaut se servir rapidement si on veut avoir sa part ! Et dire qu'à la maison, j'ai toujours une énorme assiette de chips rien que pour moi ! Bonne nuit, cher journal, je te quitte. Christin va arriver et je ne voudrais pas qu'elle lise par-dessus mon épaule !

Dimanche 19 octobre

8 heures 30

Brr, je suis glacée ! Pour écrire tranquille, je suis sortie dans le jardin, le seul endroit où je pouvais avoir la paix (et pour cause, vu le froid !). Aujourd'hui, excursion au bord d'un lac. Les Holk ont un monospace : on tiendra tous dedans !

Plus tard

Qu'est-ce qu'on s'est amusés ! Les Holk nous ont raconté une foule d'épisodes sur les enfants petits ; la maison devait être un vrai cirque ! Ils ont fait toutes sortes de bêtises, selon les « époques » : du groupe de musique (Rilk à la batterie, Christin à la voix, Helen au petit tambour et Marc à la guitare) qui a tenu jusqu'au jour où la police a débarqué pour tapage nocturne, à l'« école de cuisine » qui a tenu, elle, jusqu'à ce qu'ils mettent le feu aux rideaux... Aujourd'hui, j'ai compris à quel point ils sont liés et aussi qu'au-delà de leurs disputes ils peuvent toujours compter les uns sur les autres. À une époque, Mme Holk a eu une longue, longue grippe et les enfants se sont partagé le travail à la maison en prenant soin d'elle. Dans la même situation, je serais seule avec papa et maman... Mais je n'ai pas peur, je sais que j'y arriverais quand même !

17 heures

Nous allons bientôt partir. Dommage, je m'amusais bien. Ça va me faire drôle de retrouver le calme et le silence de chez moi... Je vais demander à Irma de venir me voir en version DJ, avec quelques CD brise-tympans ! Le calme retrouvé sera tout relatif !

Conseils de Witch

« UNIQUE »
c'est mieux parce que...

- Personne ne dévore mes goûters préférés, ni n'occupe le téléphone pendant des heures !
- Mon journal intime ne risque rien : il est toujours à l'abri des regards indiscrets !
- Je ne partage avec personne les câlins de papa et maman : c'est génial d'en profiter quand j'ai une baisse de moral !
- Je compte sur mes amies. Nous sommes inséparables, mais n'étant pas obligées de vivre sous le même toit, nous nous entendons toujours à merveille !

chapitre **huit**

Sœurs adoptives

Journal de Will

Vendredi 5 septembre

Youpi ! Demain, Maya arrive enfin ! J'ai encore du mal à y croire : adieu longs après-midi d'ennui devant la télé, adieu dîners esseulés quand maman rentre tard à cause de son travail. En plus, je suis sûre qu'avant de dormir, on tchatchera *comme des folles !*
J'ai hâte qu'elle arrive !

Samedi 6 septembre

Maya est là ! Maman et moi sommes allées la chercher à l'aéroport. Première impression... bof *! Physiquement, elle n'est pas du tout telle que je l'imaginais : elle a l'air toute douce, toute gentille ! Bien sûr on ne peut pas juger les gens sur leur aspect physique, mais ça m'a un peu déçue, quand même...*

Drôle de Witch

Réponses amusantes à toutes les questions

Ma « nouvelle sœur » est pantouflarde, alors que moi, j'ai toujours envie de sortir. Que puis-je faire ?

Offre-lui des charentaises de bal !

Dois-je vraiment tout partager avec ma sœur adoptive ?

Non, pas tout.
Pas ton amoureux, par exemple !

Ma « sœur » veut occuper mon armoire. Que faire ?

Accepte et profites-en pour l'enfermer dedans !

Quelle est la « sœur » idéale chez qui partir en vacances ?

Celle qui a le plus beau grand frère !

Lundi 8 septembre

Hier, j'ai présenté Maya aux Witch. Elles étaient là dès 9 heures du matin, elles avaient tellement hâte de la connaître ! Il n'y a évidemment pas eu de commentaire immédiat, mais ce matin à l'école Hay Lin m'a donné ceci :

Elle n'est pas tout
à fait comme
tu l'imaginais, non ?

Hay Lin

P.-S. Bonne chance !

Dimanche 14 septembre

Bilan de la première semaine de vie commune plutôt... négatif ! Tu parles d'une « sœur » avec qui faire les quatre cents coups : Maya a la vitalité d'une momie *! Elle n'a jamais envie de sortir et je passe mon temps à l'attendre : ça m'énerve ! On dirait toujours qu'elle débarque de la Lune : « Hein ? Quoi ? Comment ? ». Je rêvais d'une camarade super dynamique et me voilà avec un exemplaire femelle de paresseux qu'il faut extraire de son fauteuil avec une grue !*

Quelle déception ! Je jure que je ne me ferai plus autant d'illusion avant de connaître quelqu'un !

Mercredi 17 septembre

Aujourd'hui, maman a pris son après-midi pour faire les magasins avec Maya. J'avoue que cela m'a un peu blessée... elle qui n'a jamais un instant pour souffler ! Elles m'ont bien demandé de les accompagner, mais j'ai refusé net !

Jeudi 18 septembre

À la maison, on a remarqué ma mauvaise humeur*. Maya m'a évitée toute la journée, maman m'a demandé si quelque chose n'allait pas. Je lui ai parlé de mes soucis avec Maya...*

WITCH JOURNAL

CINQ TUYAUX POUR S'ENTENDRE AVEC UNE SŒUR ADOPTIVE

I — Je la chatouille jusqu'à ce qu'elle se rende !

W — Je lui parle un peu de moi, en espérant qu'elle fera la même chose !

En plus, avec elle chez nous, je me sens un peu à l'étroit à la maison. Je ne pensais pas devoir tout partager : la chambre, la salle de bains, la télé... Et maintenant, même maman !

Elle m'a dit qu'elle comprend que ce ne soit pas facile pour moi. Nous avons toutes besoin d'un peu de temps pour nous habituer les unes aux autres. Maya est loin de sa famille : il faut être patient avec elle, car c'est pour elle que c'est le plus dur ! J'avoue que je n'avais pas vu les choses sous cet angle-là... Avec le recul, j'ai un peu honte, car ces derniers jours j'ai dû être assez désagréable avec elle *!*

T — Je lui fais découvrir les endroits que je préfère.

H — Je la présente aussitôt à mes amies !

C — J'essaie de deviner ce qu'elle aime.

Lundi 22 septembre

Coup de théâtre : aujourd'hui, Maya est sortie et, moi, je suis restée à la maison. Elle m'a presque manqué ! On s'habitue vite aux gens, même s'ils sont un peu endormis *comme elle. Je commence à apprécier ses qualités : elle sait garder son calme quoi qu'il arrive ! Pour moi, c'est de la science-fiction : parfois j'ai envie de la secouer comme un prunier, mais à d'autres moments je l'envie presque. Hier, par exemple, elle a passé tout son après-midi à lire et moi à trépigner, parce que je voulais faire du vélo et je ne pouvais pas car il pleuvait des cordes. Résultat : à la fin de la journée, moi, j'étais d'humeur noire, elle, calme et sereine !*

Mercredi 24 septembre

Aujourd'hui, je me suis disputée avec maman. Nous étions toutes les deux énervées : coups de théâtre, crises de nerfs, portes claquées... comme d'habitude ! Finalement, Maya n'est pas si endormie qu'elle en a l'air. « Quand les mamans sont énervées, mieux vaut les éviter, m'a-t-elle dit, alors que, toi, tu lui as foncé dessus comme un bulldozer *! »... Elle a raison !*

Apparemment, elle aussi commence à me connaître... Elle doit me prendre pour une folle furieuse *! Pourtant, j'ai l'impression qu'elle apprécie ma compagnie. Elle m'a proposé de regarder la télé ensemble, histoire de me distraire. Elle a choisi un film d'amour. Moi, j'aurais préféré un film plus drôle, mais bon... c'est toujours mieux que passer un après-midi seule, à me morfondre !*

Bonne nuit, cher journal, bonne nuit, Maya *! Même si tu n'es pas tout à fait comme je t'avais imaginée, tu es super quand même, à ta façon ! Et puis c'est bien connu que, les sœurs – qu'elles soient adoptives ou biologiques – on ne peut pas les choisir !*

Le cœur de KANDRAKAR te dit que...

Parfois, il est difficile d'habiter avec ses propres frères et sœurs, alors imagine avec une semi-inconnue qui débarque brusquement dans ta vie ! Ceci étant dit, avec une sœur adoptive, commence par modérer tes attentes : tu risquerais d'être déçue ! Mieux vaut rester prudente et se dire : « On verra bien », en s'efforçant d'être aussi souple et ouverte que possible !

Par ailleurs, efforce-toi de voir en vos éventuelles difficultés une occasion de découvrir quelque chose de nouveau. De cette manière, ta nouvelle expérience se traduira par une belle opportunité de grandir !

Test

Beau temps, variable... ou orageux ?

Découvre le « temps » qu'il fait entre ton frère et toi.

Tu as perdu son CD préféré... Que fais-tu ?

- **A** Tu nies de manière éhontée l'avoir jamais emprunté.
- **B** Tu avoues : « C'était un accident ! »
- **C** Tu admets l'avoir perdu, mais tu soutiens qu'il était déjà très abîmé...
- **D** Tu lui en rachètes un autre avec ton argent de poche.

Ton frère a fait une grosse bêtise, les parents lui tombent dessus...

- **A** Tu regardes le spectacle : tu n'aimerais pas être à sa place !
- **B** Tu quittes la pièce : cela ne te regarde pas !
- **C** Tu voles à son secours en essayant de calmer les parents.
- **D** Tu le défends au risque de te faire gronder aussi.

Ton frère te demande de le remplacer pour son tour de vaisselle. Que réponds-tu ?

- **A** « Désolée, j'ai un rendez-vous HYPER important ! »
- **B** « D'accord, mais en échange tu fais mon lit pendant un mois ! »
- **C** « Tu laves et je rince : ça ira plus vite. »
- **D** « Bien sûr, pas de problèmes ! »

Tu vas sortir, mais tu ne sais pas quoi mettre. Tu finis par...

A Fouiller dans son armoire et prendre ce qui te plaît sans lui en parler.

B Lui emprunter des affaires en laissant un petit mot : « Urgence ! ».

C Choisir parmi ses affaires en évitant ses préférées.

D Mettre tes propres affaires, même si tu n'es pas très convaincue.

Il fait la tête... Comment réagis-tu ?

A Tu fais semblant de rien.

B Tu essaies de lui remonter le moral en le faisant rire.

C Tu te demandes ce qui a bien pu lui arriver, mais tu ne lui poses pas de questions.

D Tu veux absolument l'aider, c'est pourquoi tu le harcèles de questions.

Si tu veux aller au cinéma avec tes amis, il faut que tu amènes ton petit frère avec toi... Que fais-tu ?

A Il n'en est pas question ! Tu renonces à ta sortie.

B Tu lui demandes de s'asseoir quelques rangées de fauteuils plus loin.

C Tu lui permets d'inviter un copain : au moins il te fichera la paix !

D Tu choisis un film qui lui plaît aussi.

Il vient d'avaler le dernier morceau de gâteau au chocolat, sans t'en proposer...

A Tu ne dis rien, mais tu vas te venger.

B Tu cries, tu t'énerves et tu lui siffles son jus de fruits !

C Tu exiges qu'il te paie un goûter chez le pâtissier : c'est la moindre des choses !

D Le gâteau ? Ce n'est pas grave, tu es au régime...

Test

Majorité de A

Orage constant

« Sans pitié » est la devise sur laquelle ton frère et toi avez bâti votre relation. Résultat : vous êtes toujours sur le qui-vive pour éviter les pièges et les embuscades. Votre journée ressemble presque à une leçon de survie en milieu hostile ! Bien sûr, vous ne vous ennuyez jamais, mais… quel stress, quand même !

Un conseil : Accordez-vous une trêve de temps en temps. Sans devenir super copains, vous pourriez quand même vous entraider, par moments !

Majorité de B

Grisaille stable

Votre accord tacite se traduit par : « Je ne t'embête pas, tu ne m'embêtes pas et tout service rendu mérite un retour d'ascenseur ». Votre code d'honneur vous assure une cohabitation pacifique fondée sur le respect des espaces et des objets de chacun. Malheureusement, vous ignorez tout de la confiance et de la complicité entre frère et sœur…

Un conseil : N'exagérez pas avec les tactiques et les stratégies. Vous y perdrez un peu en « définition du territoire », mais vous y gagnerez à coup sûr en gaieté et bonne humeur !

Majorité de C

Ensoleillé avec passages nuageux

De temps en temps, vous vous disputez comme des charretiers, mais ce ne sont là que de sains et incontournables conflits entre frère et sœur. Par ailleurs, quand il le faut, vous êtes complices et savez vous entraider. L'art du « top secret » est votre grande spécialité : les parents ne sauront jamais rien des « infos » que vous échangez entre vous... Aucun des deux ne trahira jamais l'autre, pas même contre une grosse récompense.

Un conseil : Vous êtes sur la bonne voie, essayez de ne pas vous en éloigner quand vous rencontrez des difficultés.

Majorité de D

Très (voir trop !) ensoleillé...

As-tu l'intention de gagner le concours de « la sœur la plus gentille de l'année » ? On le dirait, car tu sembles prête à faire n'importe quelle concession pour ton frère ! C'est très bien d'être gentille et disponible, mais point trop n'en faut. Ce n'est pas bon pour toi, ni pour lui qui va finir par être pourri-gâté !

Un conseil : Se disputer entre frère et sœur est parfois tout ce qu'il y a de plus sain et de normal. Ne t'en prive pas ! Apprends à te faire respecter, cela aide à grandir.

chapitre **neuf**

Planète « jumelles »

VIE DE W.I.T.C.H.

Mercredi après-midi – dans les vestiaires de la piscine, après l'entraînement.

W : Un temps record, aujourd'hui, Debbie. Félicitations ! C'est un honneur de t'avoir dans notre équipe !

Debbie : Merci, Will. Tu es forte, aussi. Je n'aimerais pas t'avoir comme adversaire !

W : Oui, mais tu me bats toujours à plate couture. Tu ne cacherais pas des nageoires sous ton maillot ?

D (en riant) **:** Tu ne le sauras jamais ! Viens, maintenant... ma sœur nous attend à la cafétéria !

W : J'ignorais que tu avais une sœur !

D : Et ce n'est pas tout... nous sommes jumelles !

W : Des vraies ?

D : Cent pour cent homozygotes !

W : Whaou ! J'ai toujours été fascinée par les jumeaux ! Et. . ça vous arrive de vous faire passer l'une pour l'autre ?

D : Disons que cela nous a bien amusées, à une époque !

W : Allez...

Raconte-moi tout !

D : Petites, nous nous amusions beaucoup à prendre la place l'une de l'autre en classe... Les maîtresses s'arrachaient les cheveux ! C'était facile, notre mère adorait nous habiller à l'identique !

W : Vous a-t-on déjà démasquées ?

D : À vrai dire, nous avons arrêté ce petit jeu quand il s'est retourné contre nous... Pour éviter de se faire piéger, les gens nous appelaient « Labbie », c'est-à-dire LAne + DeBBIE » comme si nous étions une seule et unique personne. Un vrai cauchemar pour nous !

W : J'imagine. Qu'avez-vous fait, alors ?

D : *Nous avons dit aux parents qu'il était important de faire comprendre aux autres que nous étions bien deux personnes distinctes...*

Drôle de Witch

Réponses amusantes à toutes les questions

Quel est le plus gros avantage dans le fait d'avoir une jumelle ?

Les économies sur les photos d'identité !

Pourquoi ma sœur jumelle fait exactement les mêmes gestes que moi ?

Ce n'est pas ta sœur, c'est ton reflet dans le miroir !

Comment éviter les gaffes en confondant deux jumelles ?

Ne les appelle jamais par leur prénom !

D : Papa et maman ont commencé à nous habiller différemment, puis, en grandissant, nous avons fait le reste...
W : Dis donc...

Quelle histoire !

J'ai hâte de connaître la suite !
D : Suis-moi et tu vas la connaître tout de suite !

À la cafétéria, Will cherche du regard le « double » de Debbie, mais sans succès...

D : Ah, la voilà ! Viens !
W : Où ça ? Je ne vois personne qui te ressemble, ici !
D : Forcément ! Ne cherche pas une « Debbie 2 », regarde plutôt la fille là-bas, en jupe longue et chemisier !
W : Celle-là ? Mais elle est rousse, alors que tu es blonde comme les blés !
D : C'est ce que j'entendais par « le reste » de tout à l'heure !

Les deux rejoignent Lane à sa table.

D : Salut, petite sœur !
Lane : Salut, ma fofolle !

D : Je te présente Will, elle nage avec moi.

L : Salut, Will. Asseyez-vous !

D : Notre pauvre Will doit être un peu sous le choc... Elle s'attendait sûrement à ce que tu sois ma copie conforme, avec un gros jogging et les cheveux en brosse, alors que tu as un look plutôt romantique et fleur bleue !

L (en riant) **:** Déçue, Will ?

W : Non. Seulement... surprise de voir à quel point vous êtes différentes !

L : Et pourtant, physiquement nous sommes vraiment pareilles ! Mais chacune a son style et surtout sa personnalité.

D : Moi, je suis celle qui est sympa, décontractée et...

L : Toujours excitée ! Elle bouge même en dormant !

D : Lane, en revanche, est toujours calme, réfléchie et...

L : Avec une patience infinie ! Parfois...

il faudrait te bâillonner !

Mais comme je suis gentille, je compte jusqu'à cent et je résiste à la tentation.

D (en gloussant) **:** C'est vrai, Lane a une patience à toute épreuve !

L : Bref, comme tu peux le voir, nous avons des caractères bien différents et par conséquent des passions, des loisirs et des copains qui le sont aussi !

W : Voulez-vous dire que c'est faux que les jumelles sont inséparables ?

Le cœur de KANDRAKAR te dit que...

Un lien très particulier unit les jumelles, au risque parfois d'étouffer un peu la liberté de l'une comme de l'autre. Ne renoncez pas à votre indépendance : créer vos propres espaces est tout naturel, c'est même le signe que vous grandissez et que chacune gagne en autonomie sans se laisser influencer par votre lien affectif.

Ouvrez-vous à d'autres relations d'amitié. Être ensemble ne sera plus la conséquence du fait d'être une « seule personne », mais un libre choix dicté par l'affection très particulière qui vous lie.

L : En tout cas, elles ne le sont pas forcément. . Heureusement ! Je ne pourrais jamais l'amener à mon cours de poésie !

C'est une vraie tornade !

Elle ne tient pas en place cinq minutes... On nous mettrait dehors sur-le-champ !

D : Du calme, la poétesse ! D'abord, je ne viendrai jamais avec toi ! Je préfère mille fois une course d'obstacles à tes livres super ennuyeux !

W : Attendez : ne me dites pas que même les jumelles se disputent !

L, D : Bien sûr que si ! Plus au point de se crêper le chignon comme autrefois, mais presque !

D : Mais il est vrai aussi que nous avons un lien très « spécial ». Imagine que, si l'une d'entre nous est triste ou ennuyée, l'autre le « sent »... même à distance !

W : Je crois comprendre ce que vous entendez.

[Après tout, pour nous les Witch, les « gouttes astrales » sont un peu comme des jumelles... Sauf que, malheureusement, je ne « sens » pas aussi distinctement quand « l'autre Will » va faire une grosse bêtise !]

Comment faire si...

Vous avez les mêmes goûts vestimentaires ?

- Quelle chance ! En vous organisant un peu, vous allez pouvoir vous échanger tee-shirts, jeans et jupes, en réunissant vos deux armoires en une méga-garde-robe !
- Pour éviter les confusions tout en vous échangeant les vêtements, choisissez chacune une gamme de couleurs différentes.

Quand on ne vous connaît pas très bien, on continue à vous prendre l'une pour l'autre ?

- Avant de vous fâcher, essayez d'en comprendre les causes. Et si vous alimentiez vous-mêmes le malentendu, sans vous en rendre compte ?
- Mettez en valeur les traits distinctifs de vos caractères respectifs et laissez à votre interlocuteur le temps de s'éclaircir les idées.
- Si le problème persiste, n'hésitez pas à dire que cela vous dérange.

chapitre **dix**

De « nouveaux » frères et sœurs...

VIE DE W.I.T.C.H.

Samedi après-midi – parc d'Heatherfield.

C : Je suis ravie de revoir Penny... J'étais tellement triste quand elle a quitté Heatherfield !

I : Moi aussi ! Te souviens-tu du jour où elle nous a annoncé que sa mère se remariait et qu'elles allaient s'installer dans la ville de son nouveau compagnon ? Elle paniquait complètement !

C : Il y avait de quoi : pauvre Penny ! Changer de ville, d'école, de copains... tout, quoi ! Sans compter qu'elle allait se retrouver avec une nouvelle « sœur » !

I : Ally, la fille du compagnon de sa mère !

Penny arrive sur ces entrefaites. Les trois copines s'embrassent, heureuses de se retrouver.

Penny : Ravie de vous revoir, les filles !

I : À qui le dis-tu !

C : Tu n'as pas donné de nouvelles, ces derniers temps. Tes lettres kilométriques nous ont manqué... Que deviens-tu ? Raconte-nous !

P : Ça va maintenant. J'aime bien notre nouvelle ville. Mais venez, je vous raconte tout en marchant. J'ai laissé Ally dans le magasin là-bas, en train d'essayer sa énième jupe... J'avais hâte de vous embrasser !

I : Bien joué ! Mais... ai-je bien compris ? Tu fais les magasins avec Ally ?

C'est de la science-fiction !

C : C'est normal. Nous avons raté les derniers épisodes du feuilleton « demi-sœurs en guerre » ! D'après tes lettres, au début ce n'était pas la joie...

I : Ça nous a surprises que tu nous parles de vos disputes : avant votre déménagement, Ally et toi étiez les meilleures copines du monde. Vous passiez des heures au téléphone !

C : Mais quand vous avez commencé à vivre ensemble... changement radical ! D'après ta dernière lettre, cela ressemblait à un véritable cauchemar : Ally et toi ne pouviez plus vous voir en peinture ! Et aujourd'hui, vous faites les magasins ensemble... Nous ne comprenons plus rien ! Allez, raconte-nous ce qui s'est passé : nous sommes...

archicurieuses !

P : Quand maman et moi avons emménagé chez Ally et son père, rien n'a plus été pareil. Je ne me sentais pas à l'aise dans la nouvelle maison... j'ai commencé à être désagréable avec Ally et, très vite, elle me l'a bien rendu ! Elle devait se sentir un peu envahie...

I : J'imagine les disputes ! Ça n'a pas dû être facile ni pour l'une ni pour l'autre, car au fond ce n'est pas vous qui aviez décidé de partager la maison... et les parents !

P : Tu as tout compris !

Conseils de Witch

Frères et sœurs « d'office »
Comment s'entendre ?

- Ne donne pas pour acquis le fait qu'il (elle) te comprend au quart de tour. Parfois, il faut en dire un peu plus pour se faire comprendre !
- Gare aux idées préconçues : efforce-toi de le (la) connaître VRAIMENT, ne le (la) juge pas seulement sur ce que tu crois avoir compris de lui (d'elle).
- Ne prétend pas qu'il (elle) soit exactement tel(le) que tu l'imaginais ou que tu le voudrais.
- Essaie d'être aussi ouverte et sociable que possible : lui (elle) aussi traverse les mêmes difficultés que toi.

Nous n'avions pas le choix ! C'est pourquoi nous nous en prenions l'une à l'autre... D'une part, avec le temps nous découvrions nos différences, et d'autre part, nous souffrions toutes les deux de la situation qui nous était imposée !

C : Comment avez-vous résolu le problème ?

P : Nous n'y sommes pas arrivées tout de suite ! Les premiers mois, nous nous faisions les pires vacheries du monde... attaquer le parent de l'autre était l'arme fatale !

I : Et eux, comment réagissaient-ils ?

P : Ils ne savaient plus comment nous prendre. Chacun de leurs mots était le prétexte pour de nouvelles disputes... Je crois même qu'ils ont été sur le point de se séparer à cause de nous !

C : Et ensuite ?

P : Nous avons fini par comprendre que nous faisions du mal à tout le monde et à nous-mêmes en premier. Mais surtout, nous avons compris que c'était inutile : nous n'aurions jamais pu revenir à notre vie d'avant, c'était trop tard ! Autant s'adapter au mieux à la nouvelle situation. Un épisode en particulier nous a éclairées : ils ont fêté la Saint-Valentin comme deux tourtereaux... Et deux qui se font des mamours à leur âge : ils ne se quittent plus, c'est sûr !

Comment faire si...

Il (elle) vient d'emménager chez vous et tu te sens envahie par « l'ennemi » ?

- Énonce tout de suite tes espaces « intouchables » (ta chambre, par exemple) et instaure une défense catégorique « d'invasion ». Quant au reste, ce serait sympa de ta part d'essayer de le (la) mettre à l'aise !
- N'oublie pas qu'à ton tour, tu dois lui permettre de créer ses propres espaces. Désormais, il (elle) est chez lui (elle) aussi !

Il (elle) te prend pour l'ennemi numéro 1 et, à la maison, c'est l'état de guerre permanent ?

- Surprends-le (la) avec une petite surprise conçue expressément à son intention. Cela devrait le (la) convaincre de revoir son opinion sur toi.
- Tâche de comprendre si certaines de tes attitudes peuvent donner lieu à des malentendus. La situation est délicate pour tout le monde, le moindre quiproquo peut déchaîner de redoutables mauvaises humeurs !

I : Eh oui...

Incroyable, mais vrai !

P : Ce 14 février restera une date mémorable. Nos deux parents rayonnant de bonheur et nous tirant une tête de trois mètres de long, car – évidemment ! – ni l'une ni l'autre n'avions d'amoureux pour la soirée. Les choses ont commencé à changer à partir de ce moment-là : tantôt c'est elle qui supporte ma manie de l'ordre, tantôt c'est moi qui la supporte quand elle envahit le séjour avec ses copines pour parler de fringues tout l'après-midi... Un ennui mortel ! Depuis, il nous arrive même de passer des moments super agréables à rire ensemble... le reste du temps on se dispute ! Voilà, fin de l'histoire !

C : Cela ressemble à un happy end !

P : Oui, mais... si Ally ne se dépêche pas de sortir de ce magasin, je l'étrangle !

C (en riant) : Bravo, Penny ! C'est comme ça qu'on fait entre « vraies sœurs » !

chapitre **onze**

Disputes et chamailleries

Les phases d'une dispute entre frères

Guerre et paix en 3 mouvements

1 Une banale discussion éclate, mais cela reste dans des proportions raisonnables.

- Vous vous regardez de travers.
- Vous vous charriez l'un l'autre sur vos points faibles.

2 Aïe ! Ça sent le roussi... La dispute pourrait être mémorable.

- Vous ne vous adressez plus la parole et vous boudez chacun dans votre coin.
- Si vous êtes obligés de vous parler, c'est avec des cris et des insultes.

3 La guerre éclate : sauve qui peut !

- Vous entraver l'un l'autre devient un but dans la vie : tout prétexte est bon pour embêter l'autre.
- La famille entière est prise à partie : vous exigez, tous deux, que les parents, les grands-parents et même le chat prennent fait et cause pour vous !

Drôle de Witch

Réponses amusantes à toutes les questions

Dans quel cas il vaut mieux ne pas avoir le dernier mot lors d'une dispute ?

Quand ce mot est « Aïe » !

Comment se réconcilier avec une sœur qui fait la tête ?

En lui disant que tu pourrais en avoir par-dessus la tête !

Quand on se dispute, ma sœur devient un vrai fauve... Que faire pour la calmer ?

Dompte-la !

Qui, de papa ou maman, est le plus à même de calmer une dispute entre frères ?

Cela dépend : qui est ceinture noire de karaté dans la famille ?

L'art de se réconcilier

Faire la paix, c'est possible !

Il n'y a pas de mystères : pour mettre fin à une dispute, il faut que l'un des deux commence par déposer les armes. Ce qui ne veut pas forcément dire « admettre d'avoir tort », mais simplement qu'on est prête à oublier... au moins jusqu'à la prochaine fois !

Si tu avais raison...

- N'oublie pas que tout le monde peut se tromper ! La prochaine fois cela pourrait être ton tour.
- Adoucis tes manières : le « coupable » aura moins de mal à admettre son erreur et à te demander pardon !
- Aborde le sujet de la dispute de manière calme et sereine : essayez de vous expliquer !

Si tu avais tort...

- Prends les choses de loin : fais-lui des sourires, rends-lui des petits services... il finira peut-être par oublier et te pardonner !
- Écris-lui une belle lettre (sur un ton sérieux ou amusant, selon ton caractère) où tu reconnais ton erreur.
- Si rien n'y fait, prends ton mal en patience et attends que ça lui passe ! As-tu essayé en lui demandant tout simplement **pardon** ? C'est le plus simple... et ça marche !

5 méthodes imparables pour énerver ton frère

Prends-en conscience pour mieux éviter les conflits !

- Te renfermer dans la salle de bains pour lire de fond en comble ton magazine préféré, alors qu'il se prépare à un rendez-vous galant.
- Rester collée des heures au téléphone, quand il attend un coup de fil urgent.
- Lui emprunter ses affaires sans demander sa permission.
- Ne pas le quitter d'une semelle quand il est avec ses copains.
- Mettre la musique à fond quand il veut dormir.

Tuyaux pour éviter la dispute

- Si tu comprends qu'il s'est levé du pied gauche, fiche-lui la paix !
- Évite de le titiller sur ses points faibles.
- Même s'il te fait perdre patience, résiste à la tentation de dire des méchancetés que tu pourrais regretter.
- Avant de lui répondre de travers, demande-toi si cela en vaut la peine ou bien s'il suffirait que tu ailles prendre l'air cinq minutes !

En cas d'urgence, les parents peuvent jouer les médiateurs, mais en règle générale, il vaut mieux que vous appreniez à résoudre seuls vos éventuels différends !

Signaux d'alarme

Reconnaître les moments « alerte rouge, dispute en vue »

Mieux vaut laisser ton frère tranquille :

- après une mauvaise note à l'école ;
- s'il a des problèmes de cœur ;
- après une réprimande des parents ;
- quand il a été sous pression pour l'école, une compétition sportive, etc.

N.B. Il va de soi qu'en inversant les rôles, tu mérites le même traitement de faveur que lui !

chapitre douze

Papa, maman et les chouchous

Journal de Taranee

<u>Mardi 23 septembre</u>

Argh ! *Peter a taché mon tee-shirt préféré, celui qu'Irma m'avait offert ! Il ne l'a pas fait exprès – bien sûr ! – il l'a juste pris en haut de la pile du linge propre pour se mettre à graisser les engrenages de son vélo !!!*
Je suis furieuse ! *En plus, quand je suis allée lui dire ce que j'en pensais, maman est intervenue – comme d'habitude – pour dire que ce n'était* pas la peine d'en faire un fromage.
C'est toujours pareil : lui peut faire ce qu'il veut et moi j'en paie les conséquences !
Il file en douce quand c'est son tour de vaisselle ? Pas grave, Taranee va la faire.
Il met la musique à fond pendant que je révise mes cours ? Peu importe, Taranee a une excellente capacité de concentration !

Pour Peter, elle finit toujours par trouver une bonne excuse ; moi, elle ne m'en passe pas une ! Tu sais ce que je pense, cher journal ? Que, si Peter est le chouchou des parents, ils pourraient au moins avoir le bon goût de ne pas le montrer à ce point !

Mercredi 24 septembre

Maman s'est aperçue que j'étais encore très contrariée et m'a demandé pourquoi je boudais. Cette fois, je lui ai dit carrément ce que je pense, c'est-à-dire que Peter est leur chouchou. Elle m'a demandé de mieux lui expliquer ce que j'entendais. Je lui ai rappelé l'affaire du tee-shirt...

Le cœur de KANDRAKAR te dit que...

Quand on a des frères et sœurs, il est normal de soupçonner les parents d'avoir une préférence, notamment s'ils adoptent des attitudes différentes vis-à-vis des uns et des autres. En réalité, cela traduit surtout la volonté des parents de communiquer au mieux avec leurs enfants, selon le caractère de chacun.

N'oublie pas que cela n'a rien à voir avec l'amour qu'ils ont pour vous et qui est le même pour tout le monde ! Si toutefois tu te sentais vraiment délaissée, parles-en ouvertement avec tes parents avant que cela ne prenne des proportions trop importantes.

Drôle de Witch

Réponses amusantes à toutes les questions

Quand est-il raisonnable de soupçonner les parents de favoritisme vis-à-vis de son frère ?

S'ils lui offrent un super téléphone portable et à toi une carte de téléphone !

Comment prouver que je ne suis pas « le bébé de sa maman » ?

Commence par renoncer à ta tétine et à ton bavoir !

Pourquoi c'est toujours les filles qui aident à faire le ménage à la maison ?

Parce que si c'était les garçons, on ne verrait pas la différence entre avant et après !

Mon frère a la permission de sortir le soir et pas moi. Est-ce normal ?

Non, s'il a moins de huit ans !

Ce n'est pas normal que Peter soit si irrespectueux avec mes affaires ! Et ce qui est pire, c'est qu'il arrive toujours à se faire pardonner, soit avec une boutade, soit avec une phrase sirupeuse balancée au bon moment. Moi, au contraire, je ne suis pas diplomate pour un sou, mais au moins je suis franche *! Maman soutient que cela n'a rien à voir avec les préférences : Peter et moi avons des caractères très différents, c'est normal que papa et maman aient des comportements différents avec chacun de nous.* Bof *! Je ne suis pas très convaincue... Quoi qu'il en soit, elle a dit qu'elle parlerait à papa de notre conversation. On verra bien.*

Vendredi 26 septembre

Ce matin, Peter m'a réveillée en balançant un petit paquet sur mon lit. C'était le même tee-shirt que le mien : il a fait le tour de tous les magasins d'Heatherfield pour trouver le même ! Il m'a dit qu'il regrette vraiment ce qui s'est passé et que cela n'arrivera plus. Quand je lui ai demandé la raison de ce soudain changement d'attitude, il m'a parlé d'un savon que papa et maman lui auraient passé hier, puis il s'est littéralement enfui, en bougonnant que c'était injuste, le prix à payer était trop cher ! Je me demande ce qu'il voulait dire... De quel prix parlait-il, celui du tee-shirt ? Mystère !

Dimanche 28 septembre

Ce matin, le grand frère était décidément abattu. J'ai su que papa s'est fâché très fort avec lui à cause de l'histoire du tee-shirt et qu'il lui a donné une méga punition : Peter doit laver et astiquer la voiture, justement aujourd'hui qu'il voulait aller voir un super match de basket. Je leur ai dit que, malgré tout, je suis vraiment désolée pour lui, il tient tellement à ce championnat... En plus, pour ce qui est du tee-shirt, je sais qu'il ne l'a pas fait par méchanceté, mais seulement parce qu'il est hyper distrait. *Maman était heureuse que j'arrive enfin à le comprendre... Ensuite, elle a enchaîné sur une avalanche de compliments sur moi : elle avait vraiment envie de me rassurer sur le fait que papa et elle m'aiment et m'apprécient autant que Peter ! Pour être tout à fait sincère... je le savais, mais de temps en temps cela fait beaucoup de bien de se l'entendre dire !*

Plus tard

Après la conversation avec maman, j'ai rejoint Peter au jardin et je l'ai aidé à laver la voiture. À deux, cela a été vite fait... En courant un peu, Peter a même pu arriver à temps pour le début de son match !

Conseils de Witch

Tuyaux anti-jalousie

- Évite de regarder à la loupe les moindres faits et gestes de tes parents vis-à-vis de ton frère.
- N'oublie pas que l'amour des parents est le même pour tous leurs enfants, même s'ils le montrent différemment.
- S'il y a des choses que tu as vraiment du mal à avaler, demande des explications à tes parents : il vaut toujours mieux en avoir le cœur net !

chapitre **treize**

Clichés entre frères et sœurs

Journal de Cornelia

Vendredi 10 octobre

Mauvaise nouvelle aujourd'hui : Maya s'en va *deux semaines plus tôt que prévu ! Ses parents partent en Chine pour des raisons professionnelles et Maya ira avec eux : un super voyage, certes, mais elle est hyper triste de nous quitter si vite. Chacune de nous a fait de son mieux pour qu'elle n'ait pas la nostalgie de son pays et... apparemment, nous ne nous sommes pas si mal débrouillées ! Will est sans doute celle qui a fait le plus, elle a montré qu'elle était capable d'être une « sœur » patiente et compréhensive ! Juste au moment où les deux sœurs adoptives commençaient à s'habituer à la vie commune, les circonstances les séparent prématurément ! Will l'a plutôt mal pris... Heureusement, Hay Lin a eu une idée géniale :* une belle fête pour nous dire au revoir !

Nous nous sommes mises au travail aussitôt. Nous offrirons à Maya un superbe album avec les magnifiques photos que Taranee a prises ces dernières semaines. Ce sera un peu comme si elle partait avec un petit bout de sa vie d'ici !

Entre sœurs adoptives,
une entente forte en chocolat !
MIAM !

Will

Cornelia

À deux, on tombe mieux !

Quand la défaite signifie :
« faire son lit pendant une semaine ». Sic !

Taranee

Entre frère et sœur, c'est toujours une question
de vie ou de mort, pire qu'au Far West !

Hay Lin

Salut, « petite sœur » Maya !
Tu vas nous manquer !!
W.I.T.C.H.

Test

Quel genre de sœur es-tu ?

Commence par la première question, puis continue par celle indiquée dans la réponse choisie. Tu vas découvrir ton « style » en tant que sœur !

1

Un garçon téléphone en demandant à parler à ta sœur, mais elle n'est pas là.

A Tu lui transmets le message tout en te renseignant discrètement. (→ 2)

B Tu oublies. Ça ne devait pas être important... (→ 3)

2

Ton petit frère n'arrête pas de te tourner autour, pendant que tu fais tes devoirs avec tes copines...

A Tu l'enfermes à clé dans sa chambre. (→ 4)

B Tu lui permets de rester dans les parages, à condition qu'il se taise. (→ 5)

3

Tu as deux billets pour un concert du groupe préféré de ton frère.

A Tu l'invites à condition qu'il fasse tes devoirs de maths pendant un mois.
(→ **5**)

B Tu les lui offres : ce n'est pas ton genre de musique.
(→ **6**)

4

Ta sœur te demande de lui prêter de l'argent.

A Tu acceptes, tout en lui faisant une tonne de reproches.
(→ **profil A**)

B Tu lui demandes comment elle a fait pour dépenser si vite tout son argent de poche !
(→ **profil B**)

5

Ton frère a dit un gros mensonge aux parents. Que fais-tu ?

A Tu enquêtes sur les dessous de l'affaire.
(→ **profil C**)

B Tu le grondes : ce n'est pas bien de mentir !
(→ **profil A**)

6

Vous vous disputez pour la télécommande qui finit par se casser. Tu dis...

A « Zut, alors ! Qu'est-ce qu'on va dire aux parents ? »
(→ **profil B**)

B « C'est ta faute, comme d'habitude ! »
(→ **profil D**)

Profils

Profil A
Vice-maman

Tu as tendance à donner trop de conseils (même quand on ne te les a pas demandés) et à penser que ton frère (ou ta sœur) ne saurait rien faire sans toi. Tu te complais dans l'idée de lui être indispensable, tout en te plaignant d'être obligée de tout faire !

Un conseil : Détends-toi, tu as tout le temps de devenir maman. Pour l'instant, contente-toi du rôle de sœur : c'est plus facile et surtout plus amusant !

Profil B
Sœur amie

Tu es toujours prête à lui donner un coup de main et à partager ses ennuis. S'il arrive que vous vous accrochiez, ce n'est que pour des broutilles. Tu reviens aussitôt à ta devise habituelle : « Un pour tous, tous pour un » !

Un conseil : Continue comme ça, mais n'oublie pas les amis. Réserve un peu de ton temps pour entretenir aussi d'autres relations. Cela te fera le plus grand bien, ainsi qu'à ton cher frère (ou ta chère sœur) !

Profil C

Fouineuse

Tu ne peux pas t'empêcher de te mêler de ses affaires. Bien que tu ne le fasses pas méchamment, il (elle) a du mal à accepter ta curiosité sans sourciller, et c'est normal ! Tu t'ennuies probablement un peu dans ta vie, car tu te retrouves immanquablement avec le nez dans les pages de son journal intime…

Un conseil : Stop avec tes missions d'espionnage ! Dis-toi que, si tu apprécies que l'on respecte tes affaires et ton jardin secret, il en va de même pour les autres !

Profil D

The best

À la maison, tu as toujours besoin de prouver que tu es la meilleure en tout : la plus gentille, la plus intelligente, la meilleure en classe. Cool : tu es en famille, avec des gens qui t'aiment, pas à l'élection de « Miss meilleure jeune fille du monde » ! Débarrasse-toi de cette compétitivité excessive, profite de la vie !

Un conseil : La seule chose qui te reste à prouver est que tu sais apprécier les qualités des autres, en plus des tiennes… Voici le vrai défi à relever !